Sur la couverture :
A côté de la maison de Flogeac
maison Tyssandier d'Escous sur la place de Salers

Une famille de Salers
au XIXème siècle:
les Tyssandier d'Escous

© 2018, *collectif d'auteurs*
Illustrations CPA (DR)

Éditeur : Books on Demand GmbH,
12/14 rond-point des Champs Élysées, 75008 Paris, France
Impression : Books on Demand GmbH, Norderstedt, Allemagne

ISBN : 9782322121076
Dépôt légal: mai 2018

RECUEIL

Une famille de Salers au XIXème siècle: les Tyssandier d'Escous

LA MERIDIENNE DU MONDE RURAL
www.lameridiennedumonderural.fr

A Salers

par Anne de Tyssandier d'Escous

Après l'installation du bailliage royal à Salers, au milieu du XVIème siècle, la cité connut une réelle prospérité. Lorsqu'il fut supprimé, Salers amorça un lent déclin.

En 1800, il y avait à Salers 1645 habitants.
Au cours du XIXème siècle, la courbe de la démographie a commencé à décroître très sensiblement à Salers.

M. Deribier du Châtelet écrivait dans l'édition de 1824 du Dictionnaire Statistique du département du Cantal que Salers comprenait alors 189 maisons et 1183 habitants.

En 1896 il ne restait que 907 habitants. Et, par la suite, cette tendance s'est accélérée au XXème siècle pour atteindre en 1936 le nombre de 608 habitants.

Dans son ouvrage « La Prévôté de Mauriac – Gentilhommières et châteaux », en 1936, le Docteur de Ribier écrivait :

« Enfin, voici Salers, la perle de la Haute-Auvergne ! Ici, comme à Montferrand, comme à Riom, le cadre est resté debout, mais il est vide. La société policée, élégante, cultivée qui habitait ces vieux logis, décimée et dispersée par la tourmente révolutionnaire, revenue en partie pendant l'Empire et la Restauration, a disparu de nouveau et cette fois semble-t-il sans esprit de retour. »

Depuis, la courbe de la démographie à Salers a continué de décroître pour atteindre en 1999 le nombre de 401 habitants, et au XXIème siècle, en 2015, le nombre de 335 habitants.

La cité de Salers, au riche passé, qui accueille aujourd'hui de nombreux touristes, avait au XIXème une vie animée autour de sa grande place et de la « rue des nobles ». A cette époque-là, les Tyssandier d'Escous, originaires de Collandres et Apchon, figuraient parmi les anciennes familles de la cité, d'autant que plusieurs membres de la famille avaient été lieutenants particuliers au bailliage royal de Salers pendant près de deux siècles.

DICTIONNAIRE

STATISTIQUE,

ou

HISTOIRE, DESCRIPTION ET STATISTIQUE

du

DÉPARTEMENT DU CANTAL,

PAR M. DERIBIER-DU-CHATELET,

CORRESPONDANT

DE LA SOCIÉTÉ DES ANTIQUAIRES DE FRANCE,

Ouvrage revu et augmenté par les soins de l'Association Cantalienne.

CINQUIÈME VOLUME.

AURILLAC,

IMPRIMERIE DE Mme Ve PICUT ET BONNET, IMPRIMEURS DE LA PRÉFECTURE.

M. DCCC. LVII.

Extraits sur Salers du Dictionnaire Statistique du Cantal (éd. 1852 - 1857)
par M. Deribier du Châtelet

Au sommet des pentes rapides qui forment l'un des versants de la vallée de la Maronne, s'élèvent à la même hauteur deux mamelons basaltiques d'une grandeur inégale et isolés l'un de l'autre; ils se terminent par un plateau et sont environnés dans presque tout leur pourtour d'escarpements qui en rendent l'abord difficile. Un château, dont l'origine se confond avec celle de la féodalité, avait été bâti sur celui des mamelons dont la surface avait le moins d'étendue; sur le second, plus spacieux, s'étaient plus tard groupées les habitations des vassaux du seigneur de Salers.

Des pâturages communaux, vastes et fertiles, affranchis depuis des siècles de toute redevance, la protection que les habitants avaient trouvée d'abord dans le château, la sécurité que leur donnèrent plus tard les fortes murailles dont ils avaient enceint leur ville, la proximité de la contrée qui produisait en abondance des bestiaux, et les diverses préparations économiques du laitage, des abords relativement faciles, rendirent son commerce prospère. Le commerce à son tour enrichit les habitants. Dès le commencement du XVIème siècle, le mouvement d'ascension de la bourgeoisie se manifeste. Les charges de finance accroissent la fortune des uns, celles de la magistrature augmentent la considération des autres;

Quand on arrive à Salers par la route départementale, on ne voit la ville que lorsqu'on est pour ainsi dire à ses portes. Elle apparait tout d'un coup avec ses murs en terrasse formant sur la pente de la colline plusieurs enceintes concentriques; elle s'élance au-dessus des remparts avec ses maisons hautes, ornées de tourelles et de clochetons. On croirait voir un groupe de demeures féodales, on plutôt une ville du XVème siècle, avec ses enceintes fortifiées. Si l'on approche de la ville, l'illusion continue, les portes sont encore surmontées ou flanquées des tours qui servaient à les défendre; telles elles étaient il y a trois siècles, telles elles sont aujourd'hui; il n'y manque que les portes et les herses qui les fermaient, les ponts-levis qui les précédaient. On voit encore au lieu le plus apparent les armes des seigneurs de Salers. Les écussons sont frustes; mais on est à se demander si c'est le temps ou la main de la révolution qui les a effacés.

Pour arriver à la porte de la Martille, il faut suivre un chemin roide et tournant; deux rues aboutissent à cette porte; l'une conduit à la place, l'autre au quartier de Barrouze. Dans ce quartier on ne voit que des portes ogivales ou en arc surbaissé, ornées de moulures rondes ou prismatiques; des maisons qui ont leur pignon aigu sur la rue, et ça et là des ruines, des fondations de murs, et au bout, la promenade de Barrouze qui domine les vallées de St-Paul et de Fontanges, et d'où l'on jouit d'une vue ravissante.

La porte de l'Horloge sépare la ville du faubourg; quand on en a franchi le seuil, on voit, à droite, deux colonnettes cannelées de la renaissance, qui ornaient l'entrée de la maison des Lizet, aujourd'hui l'école des Frères, On arrive à la place, chaque maison a sa tour: ici, c'est une tour carrée ; là, une tour hexagone; mais les plus nombreuses sont des tours rondes se terminant dans leur partie inférieure en culs de lampe, et divisées dans leur hauteur par des cordons de moulures. Toutes ces maisons, solidement construites, datent, pour la plupart, du XVème ou du XVIème siècle; elles ont subi peu de changements; elles ont conservé et leur place et leur forme.

Si l'on pénètre dans l'intérieur des maisons les plus anciennes, on y arrive par des allées dont les voûtes en pierre sont ornées de nervures et de fleurons. Les plus remarquables sous ce rapport sont la maison de Bargues et la maison Spinouse autrefois Dupuy de la Fauvelie, actuellement en ruine, et dont les fenêtres étaient, il y a peu d'années, ornées de beaux vitraux du XVIème siècle. Dans l'une des maisons de la place, on voyait une pièce entière décorée de boiseries en chêne, dont les sculptures étaient aussi remarquables par la pureté du trait que par la vivacité des arêtes, le bon goût des ornements et la hardiesse du travail. Il y a deux ans à peine que ces boiseries du XVIème siècle ont été vendues à des brocanteurs, et portées à Paris.

Les maisons du faubourg sont en général d'une construction plus moderne que celles de la ville; il ne faut pas tirer de ce fait la conséquence que le faubourg est moins ancien ; cette conséquence serait, d'après nous, erronée; il prouve seulement que ces maisons ont été reconstruites et appropriées à de nouveaux besoins, pendant que dans la ville le mouvement parait s'être arrêté à partir de la fin du XVIème siècle. C'est cette immobilité qui fait de Salers une ville à part, et qui la rend fort intéressante à visiter.

Jourdanie (la), château bien situé, à une petite distance de Salers. En 1664, et le 29 mars, fut passé le contrat de mariage de noble Antoine de la Raffinie, S^r de l'Estang, fils de Guyon et d'Engline Dufayet, et damoiselle Louise de Mossier, fille de Me Pierre de Mossier, conseiller du roi et élu en l'élection de Salers, et d'Hélène de Durfort. C'est par ce mariage que la famille de Raffin de la Raffinie est devenue propriétaire de la Jourdanie. Cette famille, d'ancienne noblesse, est originaire du Rouergue.

A côté de la Jourdanie, et presque dans ses dépendances, est la chapelle de N.-D.-de-Lorette. On y rend à la sainte Vierge un culte particulier, qui attire à Salers de nombreux pèlerins.

La Jourdanie
*Propriété de la famille de Raffin de la Raffinie
au XIXème siècle*

*La chapelle Notre-Dame de Lorette se situe
au Nord-Est de Salers et a été rebâtie une troisième fois, à
l'initiative de Mgr Pagis, entre 1882 et 1886*

Jean Marie Antoine Tyssandier d'Escous*

par François Yzorche

Jean Marie Antoine Tyssandier d'Escous est dans les conscrits de l'an X. Le 27 brumaire an XII le conseil municipal de Salers organise la marguillerie. Après le concordat de 1802, les églises purent rouvrir mais il fallait rétablir l'organisation paroissiale avec les marguillers : Antoine Lescurier, juge de paix du canton, Antoine Chazette de Bargues ainsi qu'Antoine Tyssandier, propriétaire, et Pierre Rolland, homme de loi, « furent choisis parmi les personnes les plus éclairées, les plus aimées, les plus zélées et les plus actives. »

Le 8 janvier 1806 Rion, maire de Salers démissionnaire, est remplacé par Jean Marie Antoine Tyssandier d'Escous qui a la réputation de mieux s'adapter aux événements. Il prête serment de fidélité à l'empereur entre les mains de Pierre Robert adjoint. Le nouveau maire prend vite des solutions courageuses nécessaires après la longue période révolutionnaire.

---

* *Extrait d'un travail de François Yzorche disponible auprès de l'auteur.*

Le 25 mai 1806 pour refaire la route des « 4 routes » qui est complètement impraticable il crée un impôt spécial sur la façade des maisons. Le 30 mars 1807 il ordonne au garde champêtre de retirer les armes à ceux qui les détenaient sans permis. Le 30 juillet 1807 il nomme les membres d'une commission pour essayer d'arriver, de concert avec les commissions des autres communes, à faire disparaître les anomalies des territoires limitrophes entre les communes mais aucun accord ne put intervenir. Les limites des paroisses étaient encore ancrées dans les mentalités.

Le 1 janvier 1808, par arrêté préfectoral, Jean Antoine Marie fut maintenu dans ses fonctions, avec Claux pour adjoint. Ils prêtèrent serment au cours d'une cérémonie solennelle. Le conseil municipal, la garde nationale et les fonctionnaires publics formèrent un cortège qui partit de la mairie, se rendit aux domiciles de Tyssandier et de Claux pour les conduire à la salle des séances où ils prirent place. Lecture fut faite de l'arrêté les nommant. Le maire prêta serment et fit une allocution.
Le 5 mai 1808 il fit un rapport demandant à l'empereur d'accepter trois foires à Fontanges.

Jean Marie Antoine était connaisseur et ne voulait pas laisser faire n'importe quoi. Le 1er mai 1810, un symbole pour nos générations, il écrit une pétition à la préfecture pour empêcher de construire des écuries n'importe où à Salers : « Sur la place publique qui est entourée des maisons les mieux bâties représentant par

leur architecture gothique l'état florissant d'une antique ville…elle tient à conserver ses bâtiments précieux… ».
Il eut gain de cause.

Il avait précisé que « la commune possède un bâtiment considérable, divisé en 2 corps de logis, dont l'un s'appelait autrefois « le Palais » où se tenaient les audiences du bailliage royal des Montagnes d'Auvergne, et par suite celle du tribunal de l'arrondissement de Mauriac ; le second était et est encore l'hôtel de ville de Salers, situé sur la place publique, qui est entouré des maisons les mieux bâties…l'hôtel de ville tenait à droite et à gauche à deux belles maisons, ce qui contribuait à rendre son entrée plus agréable. Il a plu à Mr Rion, maire, mon prédécesseur, d'en détruire une, pour en faire des écuries… et comme si cela tenait de la fatalité, il se trouve qu'une autre maison attenante du côté opposé à l'hôtel de ville vient d'être abattue, quoique bonne, pour être convertie également en écurie… ». Elle appartenait à Revel.

Pour ajouter les résolutions prises, qui changeront Salers : en 1808, on déplaça le foirail à Barrouze. Il était à l'époque à l'endroit où il est revenu, et où il y a eu au XXème siècle les dernières foires de Salers, immortalisé par Albert Monier. Pour cela, la municipalité concéda la coupe des secondes herbes du pré Delbos au sieur Rion négociant, qui ainsi céda l'enclos des Pères Récollet qu'il avait acheté comme bien national. Il comprenait des maisons, une écurie et une chapelle. Ainsi on agrandit Barrouze.

Antoine Tyssandier ajoutait : « considérant que la lierne de la tour de Barrouze tombe presque en entier, en sorte qu'elle ne peut supporter les tuiles nécessaires à sa couverture, qu'il est de l'intérêt de la commune, pour profiter de la toile restant audit toit et des autres matériaux qui pourraient servir à d'autres travaux, de faire démolir cette lierne »…et ainsi la tour finit par s'écrouler. Elle était située dans le pré Mauchatel et communiquait avec le jardin Berger par un sentier. Elle avait 12 mètres. »
Il est dommage que cette tour n'ait pas été réparée même si elle était en très mauvais état.

En 1810 et 1811 Jean Marie Antoine a beaucoup lutté pour que le tribunal revienne de Mauriac à Salers. En 1811 il demande un deuxième instituteur à Salers.
Le 12 juillet 1815 Jean Marie Antoine se réjouit ; Louis XVIII a été de Saint Denis à Paris.
« Le jour heureux est arrivé, le tyran qui nous plongeait dans les aventures et la tristesse… se termine son règne à jamais exécrable... et ce roi tant désiré vient de reprendre son trône. »
Au son des cloches et salves publiques les habitants de Salers sont réunis à la salle de l'hôtel de ville. Antoine part même à Paris, accompagné de La Ronade, présenter les vœux de Salers à Louis XVIII.

Le 31 août 1817 Jean Marie Antoine Tyssandier, membre du conseil général, démissionne en tant que maire mais reste au conseil municipal.

En 1825 à Paris il fait une demande pour une gendarmerie à Salers (qui est restée jusqu'à nos jours).
En 1826, grâce à son activité incessante, Salers eut son Ecole Normale Primaire (jusqu'en 1844) où les enfants de Salers et des communes environnantes pouvaient venir.
Jean Marie Antoine Tyssandier fit une dotation de 1.500 francs de rente à l'hospice de Salers.
En janvier 1813 Jean Marie Antoine Tyssandier épousa Marie Iphigénie de Léotoing d'Anjony de Foix.

Marie Iphigénie était la fille de Claude Louis de Léotoing (de Lauthoin) d'Anjony de Foix et de Catherine de Méallet de Fargues. La révolution, alors qu'elle était enfant, avait été pour elle dramatique.
Son père, le 1er décembre 1790, quitta la France pour rejoindre les frères de Louis XVI puis l'armée de Condé. Il fut absent durant onze ans. Sa mère resta pour essayer de sauvegarder la situation matérielle de la famille. Jusqu'en 1792 elle continua à habiter à Anjony. De là, elle partit, avec Marie Iphigénie et sa sœur cadette, à Fargues dans la paroisse de Vitrac. Puis, du fait des troubles dans le Cantal, elles partirent pour Lyon où elles furent arrêtées et transférées à la maison de réclusion d'Aurillac. Marie Iphigénie et sa sœur furent acquittées, avec leur tante Iphigénie de Méallet de Fargues, tandis que leur mère partait, enchaînée, en charrette à Paris… Elle fut sauvée de l'échafaud par la chute de Robespierre. En 1798, la mère de Marie Iphigénie, après avoir été en Espagne, habitait avec ses enfants rue des Dames à Aurillac. En 1801 la fortune

mobilière et immobilière de la famille d'Anjony avait été en grande partie reconstituée avant que Claude Louis de Léotoing d'Anjony revienne. En 1825, grâce à la loi du Milliard des Emigrés, la famille d'Anjony fut entièrement indemnisée.

« Nous soussigné, de Lauthoin d'Anjony de Foix, (*Jean André Marie*), Marie Iphigénie femme Tyssandier et Jeanne Marie Madeleine, femme Salvage de Lamargé, déclarons avoir reçu une expédition de la décision de la commission de liquidation en date du 31 août, qui liquide à la somme de trois cent soixante mille huit cent dix sept francs trente centimes…
Mr de Lauthoin à Anjony, la dame Tyssandier à Salers, pour la dame de Lamargé à Fontanges.
A Salers le 29 octobre 1826 ».

Jean Marie Antoine Tyssandier d'Escous et Marie Iphigénie de Léotoing d'Anjony de Foix eurent trois enfants :
Pierre Gabriel Marie de Lorette Ernest , l'aîné né en décembre 1813
et deux filles :
Elisabeth Athanaïs qui épousera Mr de Fontalard, et
Elise qui épousera Mr d'Ardaillon (d'Ardailhon) de Miramont

Un décret de Napoléon, daté du 20 septembre 1812 appela au Conseil Général Jean Marie Antoine Tyssandier né à Salers le 1er janvier 1781, ancien capitaine dans le régiment d'Artois, cavalier, maire de

Salers. Le 5 juin 1815 le préfet de Lesseps remet Salvage maire de Saint-Martin Valmeroux.

Le 24 novembre 1839 Jean Marie Antoine fut élu par 33 voix contre 27 à Paul Salvage fils du conseiller sortant et mourut en fonction à Salers le 16 avril 1845. La rivalité entre St Martin Valmeroux et Salers avait dû intervenir en 1839.

Jean Marie Antoine Tyssandier d'Escous se présentait comme « légitimiste », ce qui le mettait en conflit avec le préfet qui jugeait cela inconcevable, les légitimistes étant alors hostiles à Louis Philippe et reconnaissant comme seul roi le comte de Chambord, duc de Bordeaux, petit fils de Charles X. Mais, après 1832, et la folle équipée de la duchesse de Berry, le parti légitimiste dût se borner à une opposition de principe sans danger pour la Monarchie de Juillet. L'étiquette politique d'Antoine Tyssandier d'Escous n'avait pas été déterminante pour sa victoire à l'élection.

Antoine est aussi présent au conseil municipal de Saint-Bonnet. Il en démissionne en février 1836 mais est présent dans le nouveau conseil le 23 juillet 1837 avec le maire Chazette.

La famille Tyssandier d'Escous est avant tout une famille terrienne qui n'oubliera jamais ses liens avec Collandres et Apchon.

Cette passion rurale va ressurgir avec Pierre Gabriel Marie de Lorette Ernest Tyssandier d'Escous, rénovateur de la race bovine de Salers au XIXème siècle.

Porte de la maison d'Ernest Tyssandier d'Escous à Salers

Les célébrités de Salers et M. Tyssandier d'Escous

par l'abbé Lafarge (originaire de Saint-Bonnet)

(extraits du livre publié à l'occasion de l'inauguration du monument en mémoire à Tyssandier d'Escous à Salers en 1897)

L'abbé Lafarge écrivait en 1897 concernant les célébrités de Salers au XIXème siècle :

Messire Pierre Mathieu, le dernier supérieur de la Mission Diocésaine de Salers, confesseur de la foi, que la Révolution trouva inflexible… ; arrêté, emprisonné à Aurillac, dans la maison de réclusion du Buis, libéré le 9 août 1798, il fut nommé, en 1804, curé de Salers où il est mort, en 1808.

***

Parmi les autres curés-doyens distingués, qui se sont succédés à Salers, dans ce siècle, **Monseigneur Pagis**, parti, en 1882, pour les montagnes de la Savoie en emportant son sceau épiscopal et dans son large cœur les armes de Salers, sa Vierge et ses montagnes ; devenu l'illustre évêque de Verdun, l'apôtre de Jeanne d'Arc.

***

Tyssandier d'Escous (Pierre – Gabriel - Marie-de-Lorette – Ernest), né à salers, le 20 décembre 1813, un des hommes auxquels l'agriculture du Cantal a le plus d'obligations. La ville de Salers s'est montrée fière de son enfant : elle lui a élevé un monument surmonté d'un buste, œuvre superbe d'un éminent compatriote, le statuaire Champeil…

Dimanche 8 août, la ville de Salers inaugurera avec grande pompe le beau monument, érigé par souscription publique, à M. Tyssandier d'Escous.
Les fêtes seront splendides, car on fait bien les choses, à Salers. Il y a, dans ces vieux murs, de l'élan, de l'enthousiasme, du cœur. Cependant ce n'est pas à la ville de Salers qu'appartient l'initiative de cette œuvre patriotique. C'est M.J. Sérieys, intelligent et sympathique instituteur de Saint-Bonnet, lauréat de la Société centrale d'agriculture, qui prit, il y a trois ans, l'initiative d'une souscription et provoqua la formation d'un comité en publiant, dans divers journaux, des articles remarqués…

Portrait de M. Tyssandier d'Escous
De taille un peu au-dessus de la moyenne, d'une constitution vigoureuse, d'une physionomie sympathique et distinguée, souriant dans sa magnifique barbe blanche à la mérovingienne, M.

Tyssandier d'Escous était un gentilhomme de vieille souche. Nature avant tout chevaleresque, il était d'une loyauté antique et d'une cordialité exquise. Véritable type du caractère français, il était toujours prêt à rendre service, donnait beaucoup et à tous, avait le mépris de l'argent, dédaignait de s'enrichir... Toutefois la raison ne savait pas toujours contenir les intempérances de sa brillante générosité ; mais son bonheur était de faire le bien et de servir utilement son pays qu'il aima passionnément.

Ernest Tyssandier d'Escous, merveilleusement doué, montra, dans son enfance et sa jeunesse, un caractère turbulent, impétueux. Au collège, il ne fut pas compté parmi les plus disciplinés et les plus ardents à l'étude… Toutefois, son père voulut qu'il fît toutes ses études.
Après avoir fini ses humanités, ce jeune homme, qui semblait né pour manier une épée, n'embrassa pas la carrière des armes. Possédant de beaux domaines, il se voua à l'étude de l'agriculture et de l'élevage des bestiaux…

Dans notre beau pays d'Auvergne il n'est pas facile de faire changer à un homme sa manière d'agir. On sait combien le paysan est routinier : comme a fait son père, ainsi il fait et il fera. Pour avoir raison de cette routine, pour encourager les éleveurs et les amener à préparer leurs animaux pour les concours, M. Tyssandier les visitait fréquemment. Il ne dédaignait pas de s'asseoir, dans la plus modeste auberge, au milieu des bons paysans et de passer avec eux de longues heures, fraternisant au choc bruyant des verres, des conversations, des danses endiablées, où vous « n'eussiez entendu ni ciel ni terre ». Et c'était lui qui payait toujours et pour tous.

A la valeur de l'homme intelligent et doué d'un zèle pour le bien public, qui fut la noble passion de sa vie, M. Tyssandier d'Escous unissait toutes les qualités brillantes de l'homme du monde accompli : les charmes de l'esprit, la noblesse de caractère, la distinction des manières.

Le prestige de ces dons lui valut la faveur d'unir son existence à une femme d'élite* et de devenir par son mariage le beau-frère du comte de La Salle de Rochemaure et du comte de La Tour d'Auvergne.

---

* *L'épouse d'Ernest Tyssandier d'Escous, Charlotte de Pollalion de Glavenas, était la sœur de la comtesse de La Salle de Rochemaure et de la comtesse de La Tour d'Auvergne.*

Nul mieux que lui ne brillait dans les salons de toutes les qualités du chevalier français ; nul ne savait mieux monter à cheval. Il est vrai que ce cavalier accompli chevauchait parfois en casse-cou, escaladant les sentiers les plus abrupts, franchissant les ravins, gravissant les pentes escarpées du Puy-Mary...

A peine âgé de 35 ans il accepta la mairie de Saint-Bonnet. Le 17 juin 1848, il ceignit l'écharpe tricolore jusqu'en 1863, gérant ses fonctions avec un noble désintéressement et un admirable empressement à obliger.
 Le canton de Salers vint bientôt joindre ses honneurs à ceux que lui avait conférés la commune de Saint-Bonnet et M. Tyssandier d'Escous parut à l'assemblée départementale...

Chaque réélection au Conseil Général, où il siégea pendant vingt ans, lui valait des ovations populaires ; les cloches de Saint-Bonnet, lancées à toute volée, répétèrent souvent aux échos d'alentour la joie des habitants.
En 1868, son mandat ne fut pas renouvelé ; mais il resta l'objet de la plus grande considération...Il se retira à Salers, demeura étranger à la *ville politique*, partageant son temps entre les amis et les livres de sciences naturelles, agronomiques, philosophiques et religieuses...

Il présidait toutes les réunions des Comices Agricoles, dirigeait les opérations délicates des jurys, dans les grands concours agricoles, gardant, dans sa verte vieillesse, sa lucidité d'intelligence, sa merveilleuse facilité de parole.

Un jour, à son insu, il fut fait *chevalier du Mérite Agricole*…

Sous le brillant orateur des grands jours de l'agriculture et sous l'homme du monde, il y avait le chrétien.

Parmi les personnages officiels qui célèbreront, le 8 août, l'apothéose du grand homme de bien, pas un seul ne parlera de ses sentiments chrétiens. Ce n'est plus la mode, dans un temps comme le nôtre, de parler de religion…

Dans la force et l'espérance chrétienne, entouré des siens, il termina son existence, le 15 janvier 1889, à l'âge de 76 ans, deux ans après avoir perdu son fils aîné, Gaston, ancien maire de la ville de Salers. Il laissait trois autres fils et deux filles, tous représentant, à des degrés divers, les traits de sa physionomie chevaleresque et chrétienne.

***

Ernest Tyssandier d'Escous
et son épouse Charlotte de Polaillon de Glavenas

Un bal de noces à Salers début août 1864,
au « Restaurant des Voyageurs »
(ancien « hôtel de la famille de Saluces)

Tyssandier d'Escous dansant avec Marguerite Labory. Au 1er plan : Ferdinand de Lanoye se tient debout en compagnie de son fils.

Dessin d'Emile Bayard (1837-1891), d'après l'album d'Henri de Lanoye. Dessin publié en France par Hachette en 1866 dans : « Le Tour du Monde » 7ème année n° 319, et repris dans des versions étrangères (comme en 1869 en Hollande dans « De aarde en haar volken » dont provient le dessin ci-dessus).

Episode de la vie d'Ernest Tyssandier d'Escous relaté à Anne de Tyssandier d'Escous, en 1969, par une habitante très âgée de Fontanges dont les ancêtres avaient été fermiers de la famille Tyssandier d'Escous :

Ernest Tyssandier d'Escous appréciait de participer aux fêtes dans les châteaux des environs, mais également de rencontrer les fermiers et de participer avec eux aux fêtes villageoises. Lors de celles-ci, il dansait la bourrée avec entrain.

Lors d'un mariage d'un de ses fermiers, Ernest Tyssandier d'Escous participa aux festivités dans la ferme qui durèrent, comme souvent dans la région, plusieurs jours. Son épouse, Charlotte, qui avait un bon caractère, finit cependant, le troisième jour, par s'impatienter en l'attendant à Salers. Ne le voyant pas revenir, elle décida d'aller à sa rencontre.

Un paysan surveillait le chemin d'accès à la ferme où se déroulaient les festivités. Quand il vit arriver la calèche, il s'empressa d'avertir Ernest Tyssandier d'Escous que « Madame » arrivait. Immédiatement, Ernest enfourcha son cheval avec lequel il sauta une haie à l'arrière de la ferme et rejoignit au galop la maison familiale à Salers. Là, il attendit son épouse. Quand elle arriva, il lui dit, avec humour, qu'il l'attendait et lui demanda pourquoi elle s'était absentée…

61. Cantal pittoresque - St-BONNET-de-SALERS — Noce Auvergnate

Un autre épisode de la vie d'Ernest Tyssandier d'Escous relaté dans un poème *d'Arsène Vermenouze*

Une nuit, alors qu'Ernest Tyssandier d'Escous, excellent cavalier, chevauchait un cheval puissant dans la montagne, un berger entendit un grand bruit. Inquiet, il sortit du buron où il vivait seul pendant l'été et il vit alors passer les ombres fantasmagoriques du cheval et de son cavalier. Lorsque le berger alla quelques jours après à la foire de Salers, il raconta qu'il avait eu tellement peur qu'il s'était signé avec de l'eau bénite. C'était Ernest Tyssandier d'Escous qui était passé dans la montagne !

Le poète Arsène Vermenouze, ayant appris cet épisode, y fit allusion dans son poème « Solud o Tissondier d'Escous » (Salut à Tyssandier d'Escous).

Ce poème « Solud o Tissondier d'Escous » fut déclamé, dans sa version originale, par le « capistol Vermenouze » à l'occasion de l'inauguration du monument en mémoire à Tyssandier d'Escous, à Salers, le dimanche 8 août 1897.

Extrait du poème « Solud o Tissondier d'Escous »

Bouabos tèrmes, porets, ribièros…,
Lou tron l'ourio pas orrestat,
Jious pès de soun ègo, los péiros
Jitabou fiot de tout coustat.

Semblablo lo casso boulonto ;
La nuèt oquetchis que l'ousiou,
Se sinnabou'm de l'aigo sonto,
E, dins lour lièt s'estremesiou. »

***

« Il volait par-dessus tertres, murs et rivières…,
Le tonnerre ne l'aurait pas arrêté,
Sous les pieds de sa jument, le feu
Jaillissait des pierres de tout côté.

On aurait dit la chasse volante;
La nuit, ceux qui l'entendaient
Se signaient avec de l'eau bénite
Et frémissaient dans leur lit.*

_____

*Le poème a été publié en 1996 par l'association culturelle occitane Lo Convise (Aurillac), dans le livre « Inédits Languedociens », dans lequel il était présenté par Noël Lafon en graphie occitane avec la traduction française par Lucienne Lafon et Georges Maury.

La Porte de la Martille à Salers

CANTAL — 1345. Jeune Taureau de la Race de Salers

Ernest Tyssandier d'Escous
par François Yzorche

Louis Jalenques évoquait en ces termes le souvenir d'Ernest Tyssandier d'Escous : « le cheval fut d'abord sa passion. Ecuyer consommé, on cite encore les traits d'audace, les courses folles qu'il fit jusqu'aux dernières années de sa vie, monté sur ces chevaux du pays auxquels l'infusion du sang arabe avait donné de si étonnantes qualités d'agilité et d'endurance... Mais l'amour du cheval et les soins apportés à l'amélioration de la race chevaline ne pouvaient fournir à Tyssandier d'Escous un champ assez vaste pour satisfaire son activité. »

Des légendes circulaient sur Ernest qui aurait pu aller jusqu'à rentrer dans les tavernes sur son cheval. Ernest, c'est certain, aimait la fête. Dans le dessin de taverne de Salers, on le voit, lors de la visite de l'ingénieur écrivain Ferdinand de Lanoye et de son fils Paul, danser des bourrées endiablées au « cercle » de Marguerite Labory, sous les yeux étonnés de ses hôtes.

Comme le prétend Paul Cuelhes-Bordes dans sa « Chronique du temps passé » : « et, que d'autre part, il a fréquenté surtout des pays(*ans*), des

exploitants, toutes gens qui ne dialoguent utilement qu'en trinquant sans restriction ! ».
Et, en plus, il avait « ce don de la parole qui le faisait partout remarquer, rechercher et aimer ».

On voit le caractère d'Ernest Tyssandier d'Escous : bien trempé, audacieux, convivial, passionné, aidé par une solide santé. Son père, le jugeant, reconnut sa vraie vocation et le poussa vers l'exploitation de ses domaines de Roche, Escous, Navaste, Falgouzet et Solcroux qui réclamaient un jeune maître.

Ernest, devenu le fermier de son père, allait commencer sa véritable vie : celle qui le conduisit à la tête de l'exploitation du domaine qui allait lui être confié. Il se traça un programme d'actions. Il comprit tout de suite qu'il avait un rôle important à jouer, duquel dépendait moins son avenir que celui du pays où il allait rester. Fortuné, passionné, intelligent, écouté, il avait tous les atouts en main. Les méthodes employées jusqu'alors dans l'agriculture lui semblaient surannées. Il ne s'agissait pas de les réprouver en bloc, mais de les réformer.

Ernest Tyssandier d'Escous adopta d'emblée, sans en avoir fait l'expérience, la charrue que venait d'inventer Mathieu de Dombasle. Le premier emploi, dans sa propriété de Roche, du nouvel instrument de labour suscita, on le devine, une grande curiosité. En outre, sachant que par défaut de nourriture appropriée une race, d'âge en âge, dépérit, il commença par donner une large part à la culture des prairies artificielles... En 1847, pour faire face à la disette, il fit ensemencer 9 hectares de pommes de terre.

Il était établi qu'à l'époque le bétail des montagnes de Salers vivait sans direction technique, se reproduisait sans sélection et s'avilissait progressivement. Ce fut enregistré dans le procès-verbal de la séance du 27 décembre 1841 de la Société Centrale d'Agriculture du Cantal dont le président fut Higonnet jusqu'à sa mort en 1859. Afin de revivifier la race chancelante, cette société préconisait le croisement avec des sujets de France ou de l'étranger, donnant des produits propres à l'engraissement et au rendement laitier. Une subvention en ce sens fut demandée au gouvernement mais elle fut heureusement repoussée.

La race chevaline d'Auvergne, si justement recherchée sous le Premier Empire, avait été dénaturée par suite d'importations de sujets d'Angleterre pour des croisements. L'exemple avait touché Ernest, passionné de cheval.

Vouloir rénover une race par la sélection implique pour celui qui s'y est assigné une volonté inflexible. Il fallait beaucoup de temps et vaincre la routine et l'individualisme naturel chez les paysans en Auvergne.

A ce moment-là Ernest Tyssandier d'Escous avait la carrure pour s'imposer. En plus il voyageait beaucoup pour se familiariser avec les méthodes des autres régions. Il fit en particulier un voyage dans le charolais pour y étudier les méthodes de sélection qui avaient donné dans ce pays de beaux résultats. De retour à Saint-Bonnet, il les appliqua à la race de Salers. Tout en s'occupant de son domaine, il entreprit des tournées de conférences, de visites aux fermiers des environs pour les persuader de l'excellence de ses méthodes et de ses idées…

Ernest Tyssandier d'Escous avait compris l'importance que pouvait avoir le comice. Il mit à profit la leçon tirée des résultats obtenus dans d'autres contrées où des comices avaient été constitués avant. Dans le Cantal ils avaient été créés par arrêté du préfet du 1er mars 1836.

En 1844, Elie de Raffin démissionna de la présidence du comice agricole de Salers. Le 22 août 1844, Ernest Tyssandier d'Escous fut proclamé président, à la majorité absolue des suffrages, quoique absent de la séance de scrutin à l'hôtel de ville de Salers. Il se livra alors, d'abord dans la commune de Saint-Bonnet, puis dans le canton, à une propagande très active en vue de recruter des adhérents au comice. Sous sa direction intelligente, le comice prospéra au point de compter en peu d'années plus de 100 membres actifs et de devenir l'un des plus importants dans la région.

Ayant bien en main un tel instrument de travail, Ernest Tyssandier d'Escous avança dans la réalisation de son projet de prospection d'animaux sains, bien constitués, présentant des formes et des aptitudes propices à la rénovation de la race.

Jules Serieys, instituteur à Saint Bonnet et spécialiste des questions agricoles, a écrit : « lentement, peut-être, mais avec une sûreté raisonnée des lois de la sélection, il parvint à défaire nos Salers de leur conformation osseuse décousue, anormale, et augmenta la relation du poids net et du poids brut. »

Ayant obtenu des résultats probants, il importait de les faire connaître en les exposant aux concours agricoles organisés dans les centres de production et surtout de créer des concours spéciaux pour faire reconnaître la Salers comme une race à part.

Ernest Tyssandier d'Escous mourut à Salers le 15 janvier 1889 à 75 ans, pleuré de toute la population. Ses obsèques eurent lieu au milieu d'une foule si considérable que, de mémoire d'homme, on n'avait vu un cortège aussi long de l'église au cimetière.

Il avait atteint son but, sacrifiant ses ressources personnelles et dépensant ses efforts : dotant la race de Salers des qualités essentielles pour en faire une grande race indiscutée, et instituant définitivement le concours spécial pour en garantir la pérennité et le développement…

A l'initiative de Jules Serieys, instituteur à Saint-Bonnet de Salers, il y eut une souscription pour la réalisation d'un monument en mémoire à Tyssandier d'Escous. Le sculpteur Jean-Baptiste Champeil (Prix de Rome) réalisa le buste en bronze. Le premier monument était en pierre calcaire entouré d'une grille. Les orgues en basalte furent installées plus tard, place Tyssandier d'Escous.

Escous avait atteint un sommet de célébrité à cette époque. Tous les éleveurs savaient situer Escous et la commune de Saint-Bonnet de Salers dans le Cantal.

*Ancien monument – **Buste de Tyssandier d'Escous
sur un socle en calcaire (Roux éd. Aurillac)***

RÉPUBLIQUE FRANÇAISE

MAIRIE
DE
SAINT-BONNET-de-SALERS
(CANTAL)

N° 30

Objet:
Naissance de
Tyssandier d'Escous
Louis
Anne
Paul.

Du 15 novembre 1846

Délivré sur papier
libre pour servir
à l'autorité supérieure

Saint-Bonnet, le 24 juillet 1900

Extrait des Registres des Actes de
l'état civil de la commune de
Saint-Bonnet-de-Salers (Cantal)

L'an mil huit cent quarante-six, le quinze novembre, à midi, par-devant
nous Guillaume Chazette, Maire, officier de l'état civil de la
commune de Saint-Bonnet, canton de Salers (Cantal) est
comparu : Monsieur Pierre Gabriel Marie de Loretta, Philocome
Ernest Tyssandier d'Escous, âgé de trente-trois ans, vivant de
ses revenus au lieu de Roche-Escous, sur cette commune, lequel
nous a présenté un enfant du sexe masculin auquel il a déclaré
donner les prénoms de Louis Anne Paul, né ce jour d'hui
à une heure du matin audit lieu de Roche-Escous, de lui
déclarant et de sa légitime épouse Madame Marguerite Louise
Charlotte de Polastron de Clavenas, sans profession, âgée de
vingt-trois ans, aussi domiciliée audit lieu de Roche-Escous.
Lesdites déclaration et présentation faites en présence de
Messieurs Albessard, Antoine, et Lafarge, Mary, âgés de
cinquante-un ans, cultivateurs au bourg de Saint-Bonnet,
qui ont, ainsi que le comparant, signé avec nous le présent
acte après lecture, jour, mois et an susdits.
Au registre sont les signatures.
Pour copie certifiée conforme, délivrée en Mairie
de Saint-Bonnet le vingt-quatre juillet mil
neuf cent.
Le Maire empêché
Le Conseiller M.al délégué,
Guilhaulière

La famille d'Ernest Tyssandier d'Escous à Salers

par Anne de Tyssandier d'Escous

Ernest Tyssandier d'Escous (né à Salers le 21 décembre 1813 - décédé le 15 janvier 1889) et son épouse Charlotte de Polaillon (de Pollalion) de Glavenas ont eu six enfants, quatre fils et deux filles.

- Paul, né à Roche-Escous (Saint-Bonnet de Salers) le 15 novembre 1846 – Officier, il épousa le 25 février 1884 Anne Abrial à Bélinay (Paulhac - Cantal) - Chef d'Escadron de cavalerie, commandant le dépôt de remonte de Guéret, officier de la Légion d'Honneur en 1900. Paul est décédé à 60 ans au château de Bélinay le 4 février 1907. Sans postérité.

- Gaston, ancien maire de Salers (1881-1882), mourut deux ans avant son père, et n'eut pas de postérité.

- Iwan (Yvan), prêtre et religieux de la congrégation de la Mission dite des Lazaristes (Mission d'Aurillac), fut supérieur des Missions Diocésaines.

> CONG. DE LA MISSION
> dite des Lazaristes
> FONDÉE PAR
> **Saint Vincent de Paul**
>
> MISSION D'AURILLAC
> Diocèse de St-Flour

- Nelly, religieuse au couvent de Notre-Dame de Salers.

- Louise, épouse d'Emeric de Raffin de la Raffinie, d'où deux filles - postérité dans la famille Danzel d'Aumont.

- Albéric, officier de cavalerie (Dragons) à Limoges, puis dans les Chasseurs d'Afrique à Alger, il épousa le 28 octobre 1888 à Neuvic (Haute-Vienne) Marie-Thérèse Limousin de Neuvic et géra sa propriété de Miliana en Algérie. Ils eurent six enfants, dont seul l'aîné, Charles de Tyssandier d'Escous, pilote aviateur dans l'armée de l'air, eut une postérité.

collection privée

TABLE DES MATIERES

A Salers
par Anne de Tyssandier d'Escous..................... p 7

Dictionnaire Statistique du Cantal - *Salers*
par M. Deribier du Châtelet (extraits)................ p 11

Jean Marie Antoine Tyssandier *d'Escous*
par François Yzorche...................................... p 17

Les célébrités de Salers et M. Tyssandier d'Escous
par l'abbé Lafarge (extraits)........................... p 25

Episode de la vie d'Ernest Tyssandier d'Escous
relaté à Anne de Tyssandier d'Escous............... p 33
Un autre épisode de la vie d'Ernest
Tyssandier d'Escous relaté dans un
Poème *d'Arsène Vermenouze*........................p 35

Ernest Tyssandier d'Escous
par François Yzorche..................................p 39

La famille d'Ernest Tyssandier d'Escous à Salers
par Anne de Tyssandier d'Escous..................... p 47